Zebra 1

Schreiblehrgang in Grundschrift

Buchstabenverbindungen
und Varianten

Neubearbeitet von
Katja Peterson

Auf der Basis der Ausgabe von
Stephanie Brettschneider,
Maria Feiten,
Bärbel Hilgenkamp,
Andreas Körnich,
Gabriele Reusche,
Gerlind Schwanitz,
Barbara Weingand und
Gabi Zimmermann

Ernst Klett Verlag
Stuttgart · Leipzig

Inhalt

 Schreibe in Grundschrift. Punkte den Besten.

i→i   Übertrage von Druckschrift in Grundschrift.

Du kannst mit einem Partner oder deiner Lehrerin über deine Schreibversuche sprechen.

Buchstabenübersicht

Aa　Bb

Diese Buchstaben kannst du schon schreiben.

Cc　Dd　Ee　Ff

Gg　Hh　Ii　Jj

Kk　Ll　Mm　Nn

Oo　Pp　Ququ　Rr

Ss　Tt　Uu　Vv

Ww　Xx　Yy　Zz

Ää　Öö　Üü

Au au　Eu eu　Ei ei

Äu äu　ie

Sp sp　St st　Sch sch

Pf pf　Ch ch　ß

Das kann ich schon!

A a
B b

C c
D d

E e
F f

G g
H h

I i
J j

K k
L l

M m
N n

O o
P p

Qu qu
R r

S s
T t

U u
V v

W w
X x

Y y
Z z

Ä ä

Ö ö

Ü ü

Au au

Äu äu

Eu eu

Ei ei

Pf pf

Ch ch

Sp sp

St st

Sch sch

ß

ie

Schreibe alle Buchstaben.

5

Lockerungsübungen

Wenn du müde bist, ruhe dich ein wenig aus.

Schließe deine Augen und atme ruhig ein und aus.

Streiche mit deinen Fingerspitzen vorsichtig über deine Stirn,
die Schläfen und die geschlossenen Augen.

Zupfe behutsam an deinen Ohren.

Massiere deine Schultern und die Oberarme.

Lockere deine Hände und Schultern.

Fünf Freunde

Fünf Freunde sitzen dicht an dicht.
Sie wärmen sich und frieren nicht.
Der erste sagt: „Ich muss jetzt gehen."
Der zweite sagt: „Auf Wiedersehen!"
Der dritte hält's auch nicht mehr aus.
Der vierte läuft zur Tür hinaus.
Der fünfte ruft: „Hey ihr, ich frier!"
Da wärmen ihn die anderen vier.

Himpelchen und Pimpelchen

Himpelchen und Pimpelchen

stiegen auf einen Berg.

Himpelchen war ein Heinzelmann
und Pimpelchen war ein Zwerg.

Sie blieben lange da oben sitzen
und wackelten mit den Zipfelmützen.

Doch nach fünfundzwanzig Wochen
sind sie in den Berg gekrochen,

dort schlafen sie in guter Ruh.

Seid mal still und hört mal zu!

Krr - krr - krr

Krr-krr-krr.

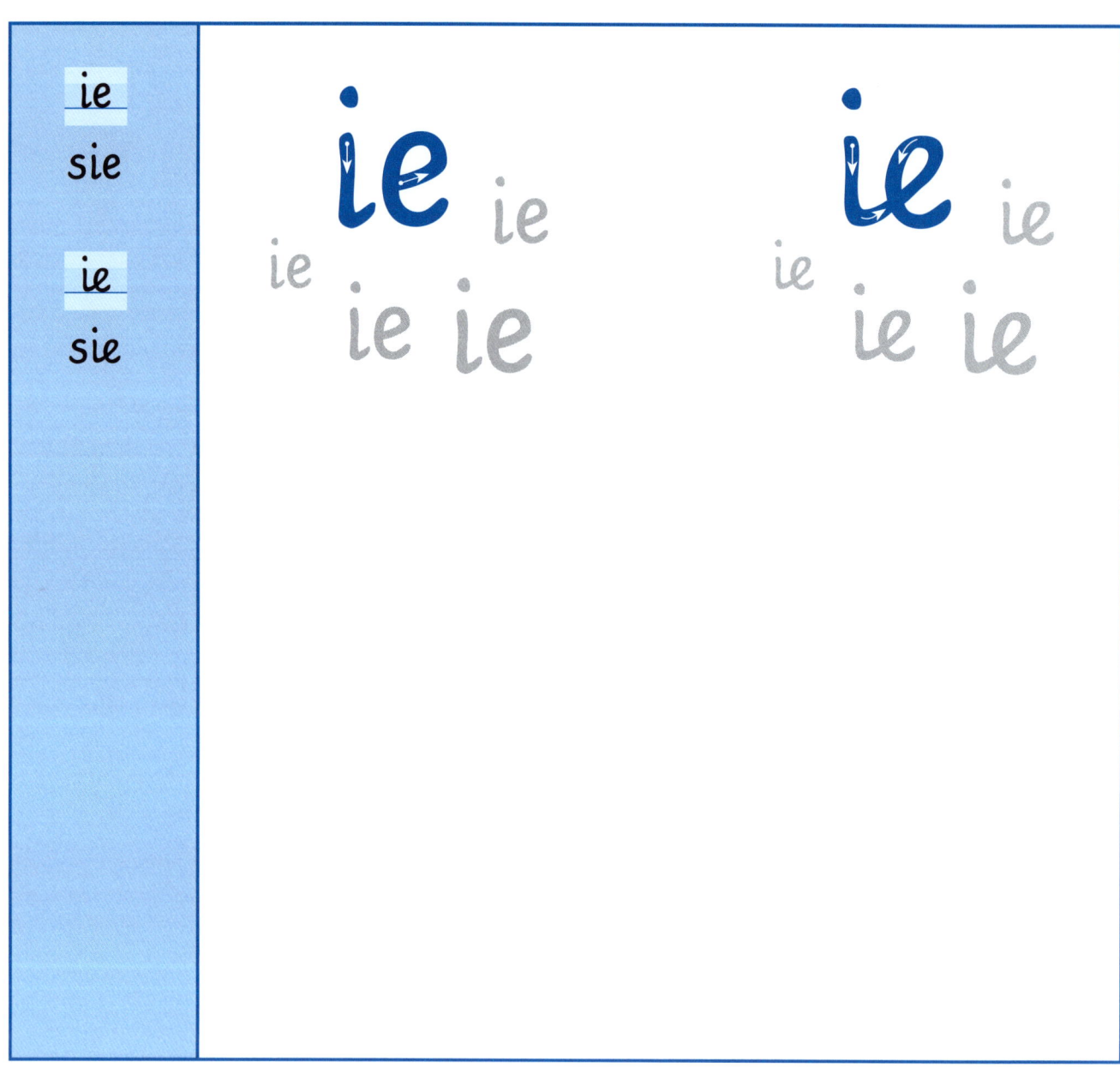

ie sie

ie sie

ie   ie

ie   ie

ie   ie

ie   ie

Marie

lieb

niesen

Riese

viel

Die Stiere und
die Ziegen
sind Tiere,
die nie fliegen.

9

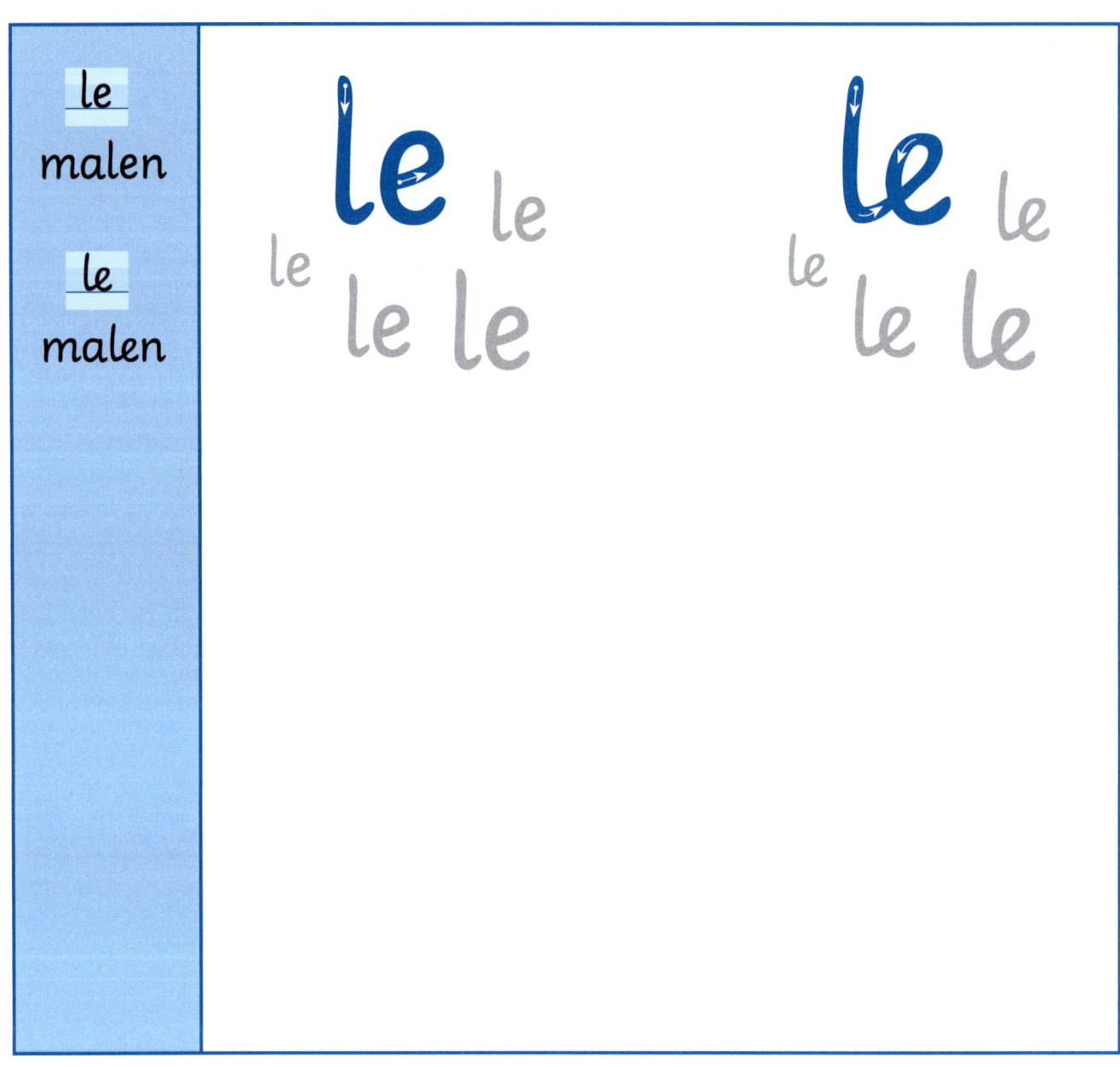

le

le

le

le

le

le

le

le

i→i

Telefon

leider

Marlene

kleben

bellen

i→i

Ele, mele, mule,
lesen lernt
man in der
Schule.

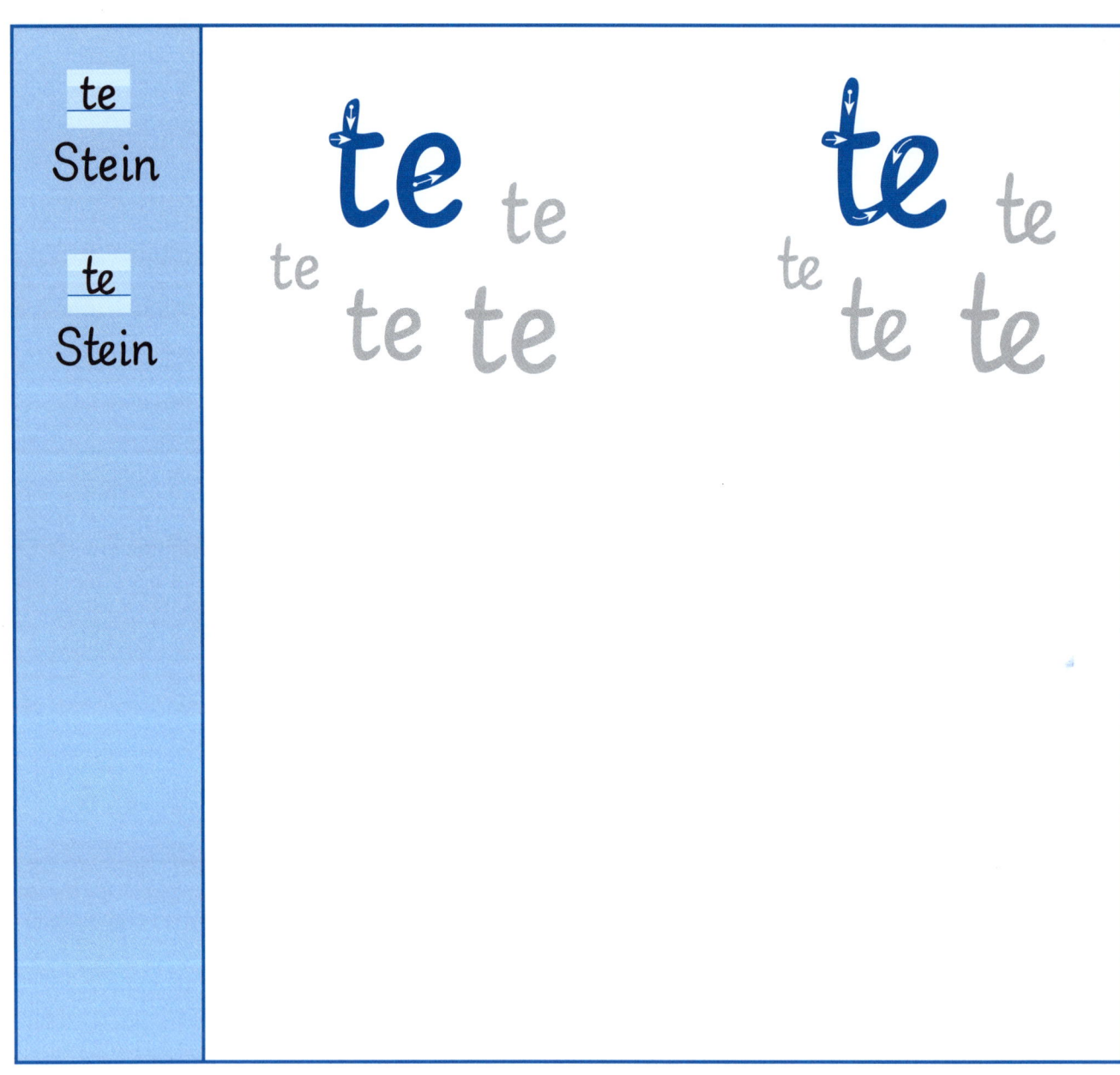

te

te

te

te

te

te

te

te

Stern

warten

heute

Karte

Ute

Auf dem Schlitten
durch den Schnee
gleiten zwei Tanten
zum Nachmittagstee.

ne	ne
eine	
ne	
eine	

ne ne
ne
ne

ne ne
ne
ne

ne	ne
ne	ne
ne	ne
ne	ne

Banane

Susanne

nehmen

neu

Bohne

Alle Kinder singen gerne:
Laterne, Laterne,
Sonne, Mond
und Sterne.

Teste dich!

ie

le

te

ne

i → i

Brief

alle

raten

nett

i → i

Wenn kleine Elefanten Fußball spielen,
können große Elefanten Bücher lesen.

Ist dir alles gelungen? Übe weiter.

i → i   Wähle aus.

Dieb	Kleid	teilen	Kanne	gießen	fallen
Wetter	kennen	Lied	schlecht	bitten	Fahne

ei
Bein

ei
Bein

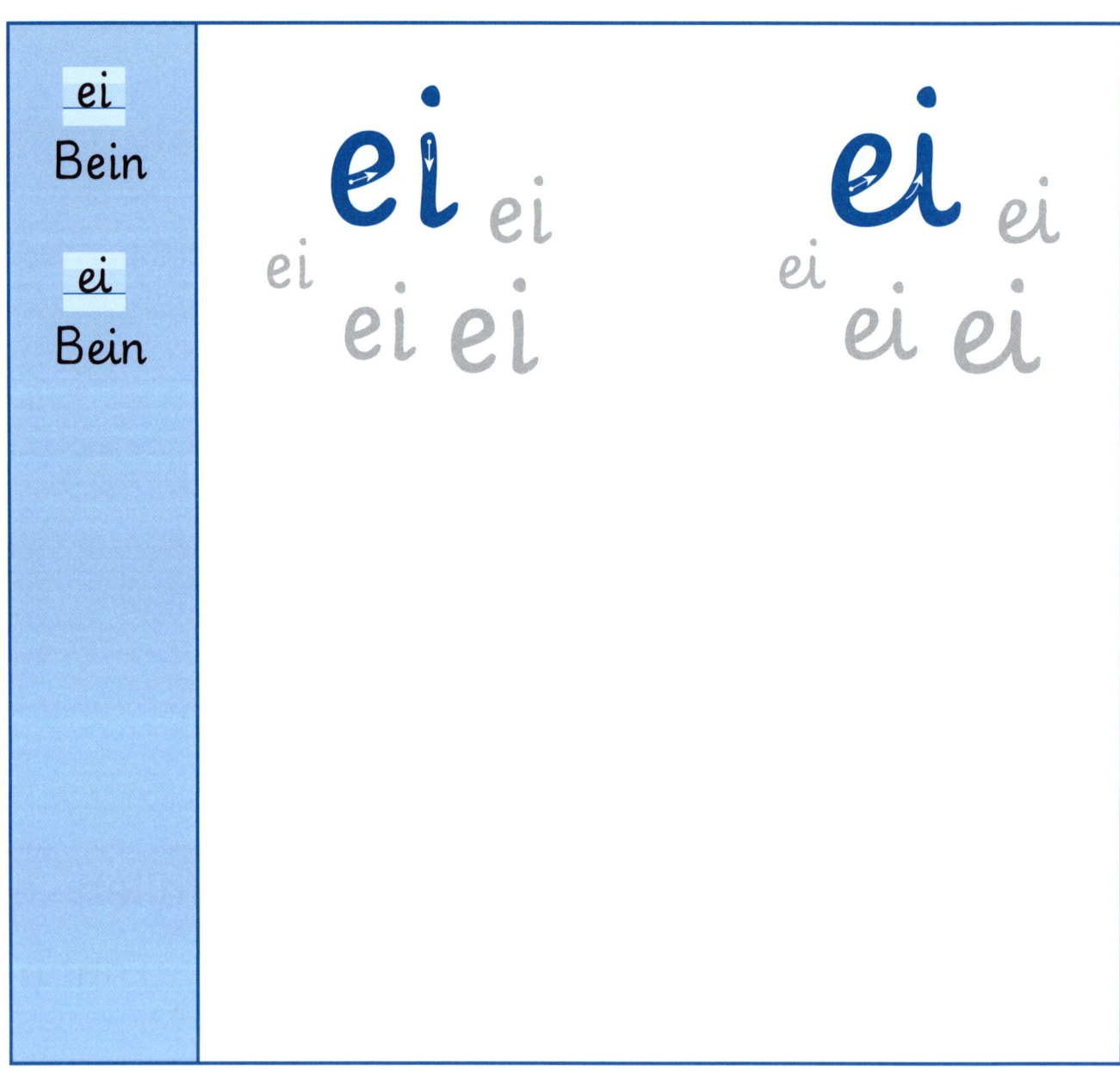

ei ei ei
ei ei ei
ei ei ei
ei ei ei

ei ei ei
ei ei ei
ei ei ei
ei ei ei

Seite

allein

bleiben

Meike

drei

i→i

Macht eine kleine Ameise
um einen Apfel eine Reise,
dann krabbelt sie immer
nur im Kreise.

eu
euch

eu
euch

eu

eu eu
eu
eu

eu

eu eu
eu
eu

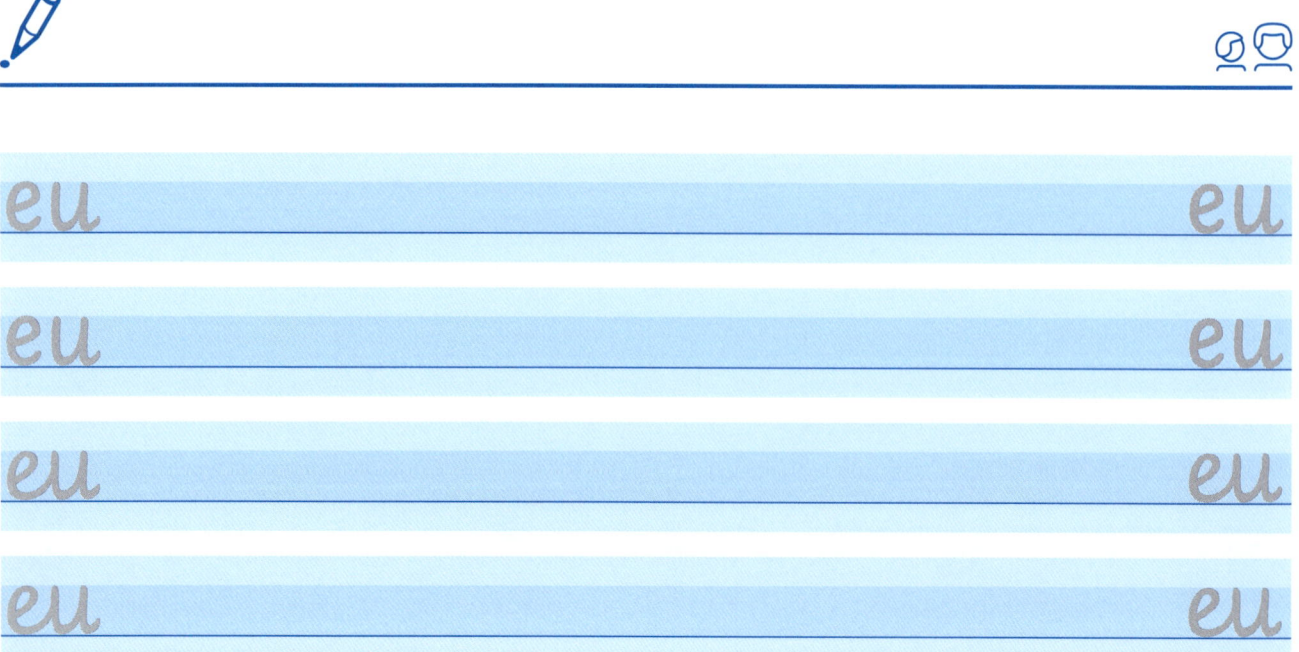

eu   eu

eu   eu

eu   eu

eu   eu

eu → äu

Freund

treu

seufzen

Beule

neulich

eu → äu

Franz heult und heult.
Er keucht und keucht.
Bauchweh von Bonbons
hat er heut.

au   au   au
au   au   au
au

au   au   au
au   au
au

au   au

au   au

au   au

au   au

| Paul |
| laut |
| Maus |
| laufen |
| bauen |

i → i

Brautkleid bleibt
Brautkleid und
Blaukraut bleibt
Blaukraut.

Teste dich!

ei

eu

au

i→i

Zeit

neun

kaufen

i→i

Neulich war die kleine Katze aus dem Haus.
Da tanzten die Mäuse auf dem Tisch.

Ist dir alles gelungen? Übe weiter.

i→i Wähle aus.

dein	Abenteuer	Haus	beißen	freuen	auf
Laub	nein	Frau	Reim	scheußlich	

in
Kind

in
Kind

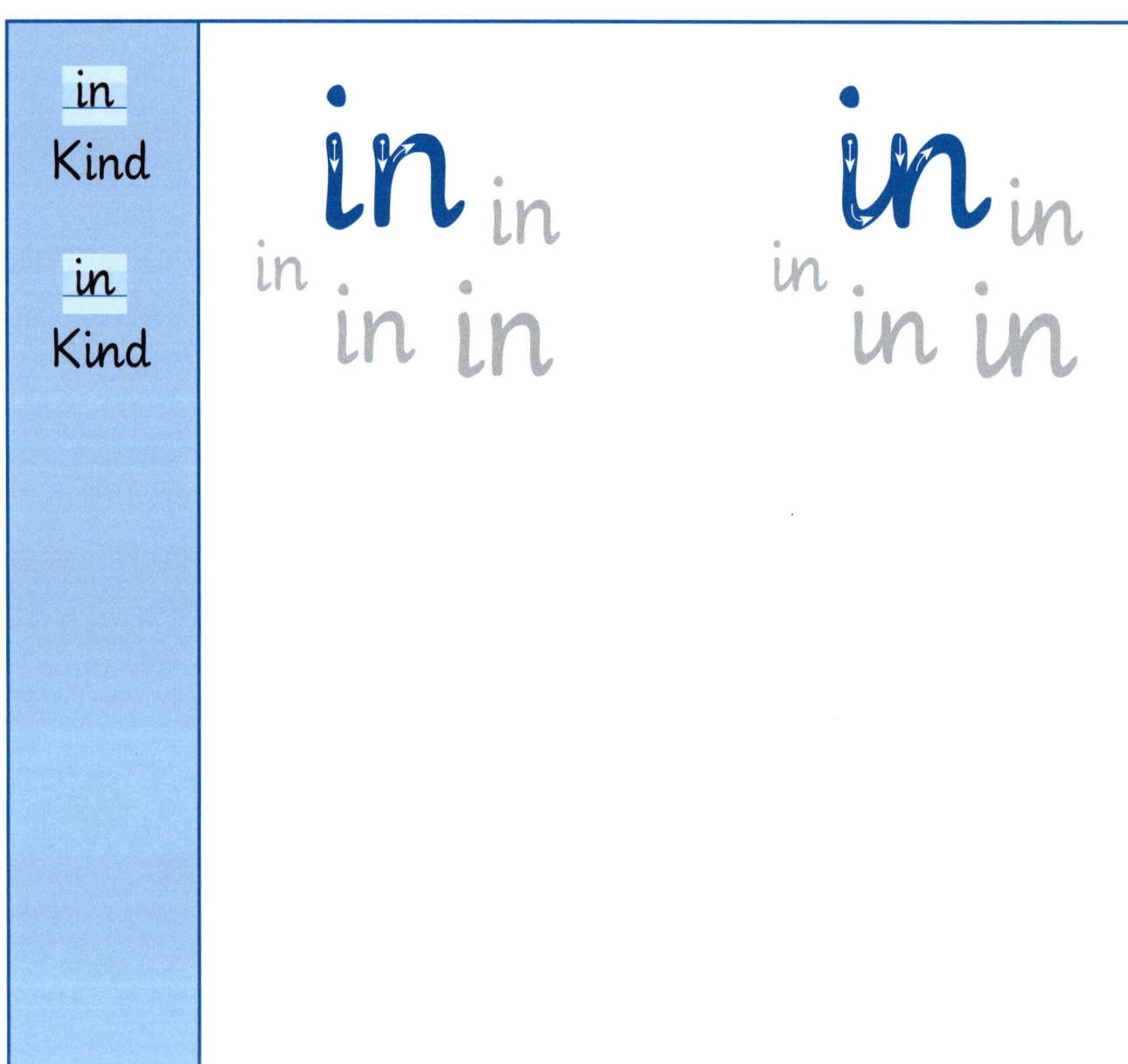

in

in

in

in

in

in

in

in

i→i

Pinsel

finden

Nino

bin

hinter

i→i

Ein Stachelschwein,
ein Stachelschwein,
das muss ein Schwein
mit Stacheln sein.

un
Mund

un
Mund

un

un

un un
un un
un

un un
un un
un un

i→i

funkeln

Stunde

dunkel

Wohnung

Bruno

i→i

Nachbars Hund
heißt Kunterbunt.
Kunterbunt heißt
Nachbars Hund.

en

den

en

den

en   en   en
     en   en

en   en   en
     en   en

en   en

en   en

en   en

en   en

Faden	
Ben	
sagen	
Boden	
endlich	

i→i

Wenn hinter Affen
Affen affen,
affen Affen
Affen nach.

an
Land

an
Land

an   an   an   an
   an   an
        an   an

an   an

an   an

an   an

an   an

i→i

danken

Jana

andere

anrufen

Mantel

i→i

Zwanzig Zebras
zeigen Handstand,
zehn im Wandschrank,
zehn am Sandstrand.

ch
echt

ch
echt

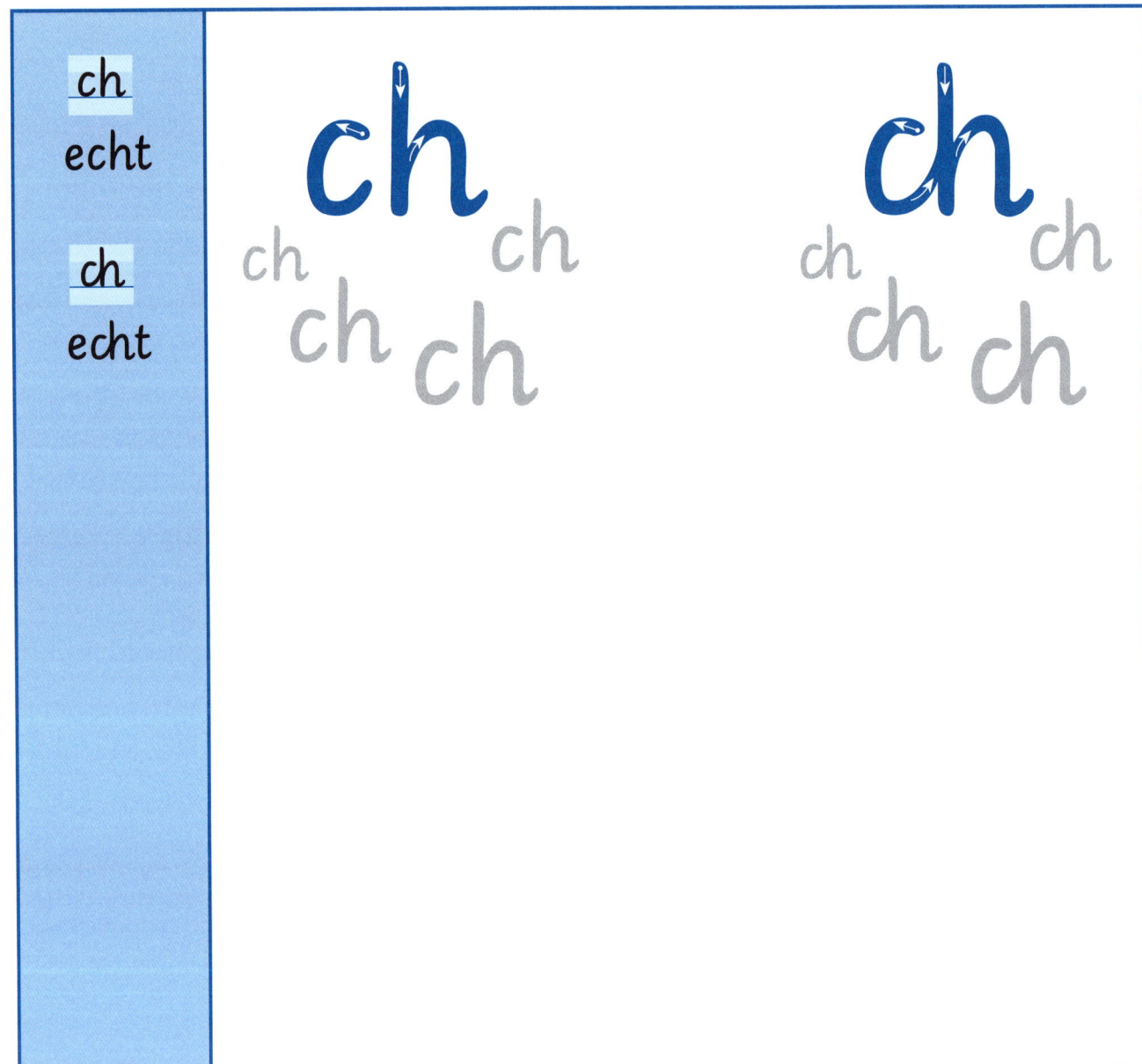

ch   ch

ch   ch

ch   ch

ch   ch

Nacht

suchen

reich

Michaela

Achtung

Früh fressen
freche Frösche Früchte.
Freche Frösche
fressen früh Früchte.

er
der

er
der

er   er   er   er   er   er   er   er   er

er   er

er   er

er   er

er   er

i→i

Teresa

ändern

Pferd

sauber

lernen

i→i

Es klapperten
die Klapperschlangen,
bis ihre Klappern
schlapper klangen.

in

un

en

an

ch

er

i→i

Kino

rund

lachen

baden

Pflanze

erst

i→i

Füchse laden junge Gänse gerne zum Essen ein.

Übung macht den Meister.

Ist dir das gelungen? Übe weiter.

i→i   Wähle aus.

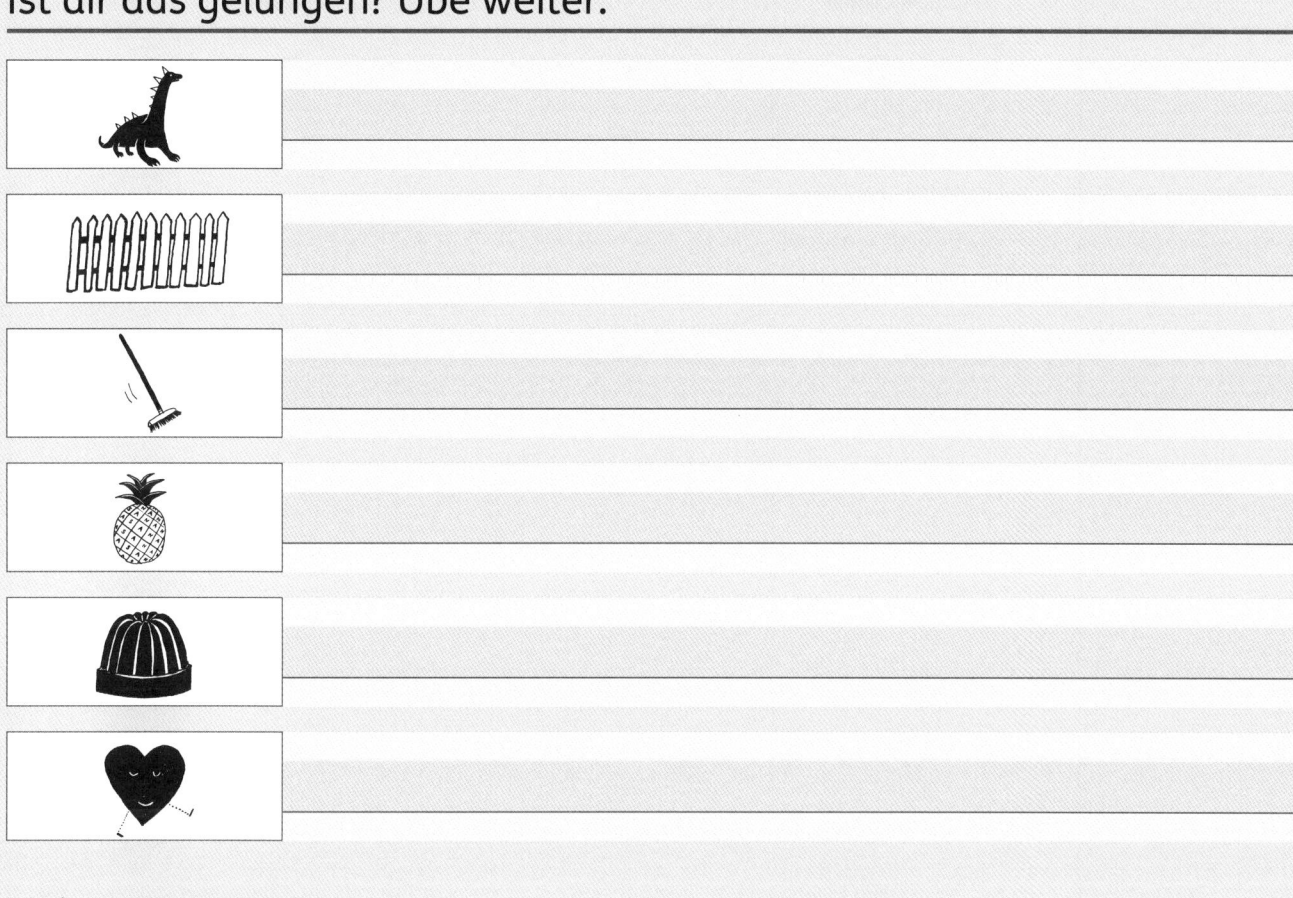

Ring freundlich schwimmen glänzen ich aber
bringen Brunnen denken lang machen Berg

E
Ecke

Ɛ
Ɛcke

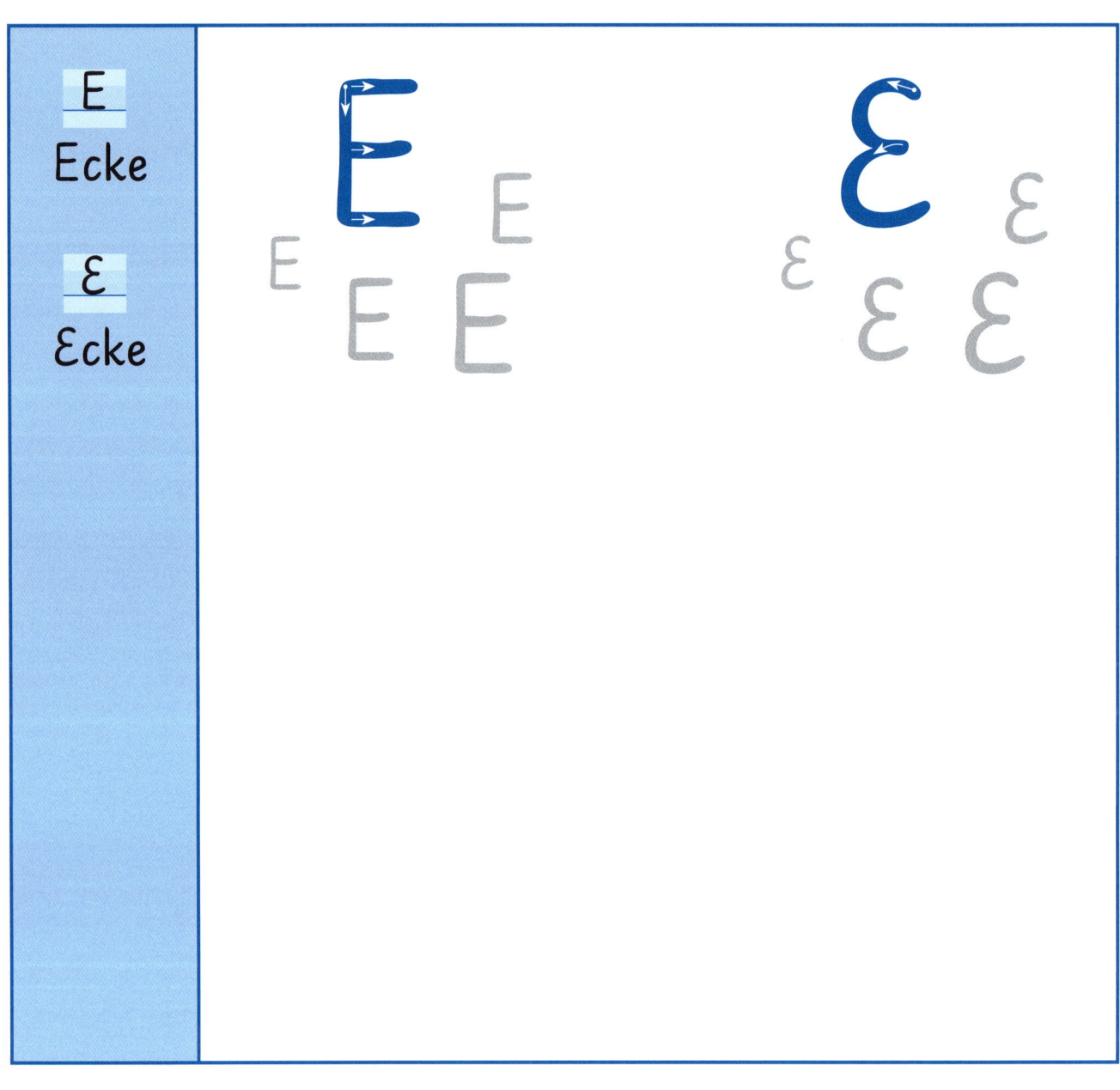

E   E

E   E

Ɛ   Ɛ

Ɛ   Ɛ

i→i

Erbse

Erde

Emil

Elch

Engel

i→i

Emu, Esel, Elefant
sind dem Franz bekannt.
Doch viel lieber
mag er Tiger.

lockig

lockig

42

Wal

lesen

elf

langsam

Julius

Weil lustige Leute
laufend lachen,
lachen lustige Leute
auch beim Laufen.

k	
<u>k</u>	
kurz	
<u>k</u>	
kurz	

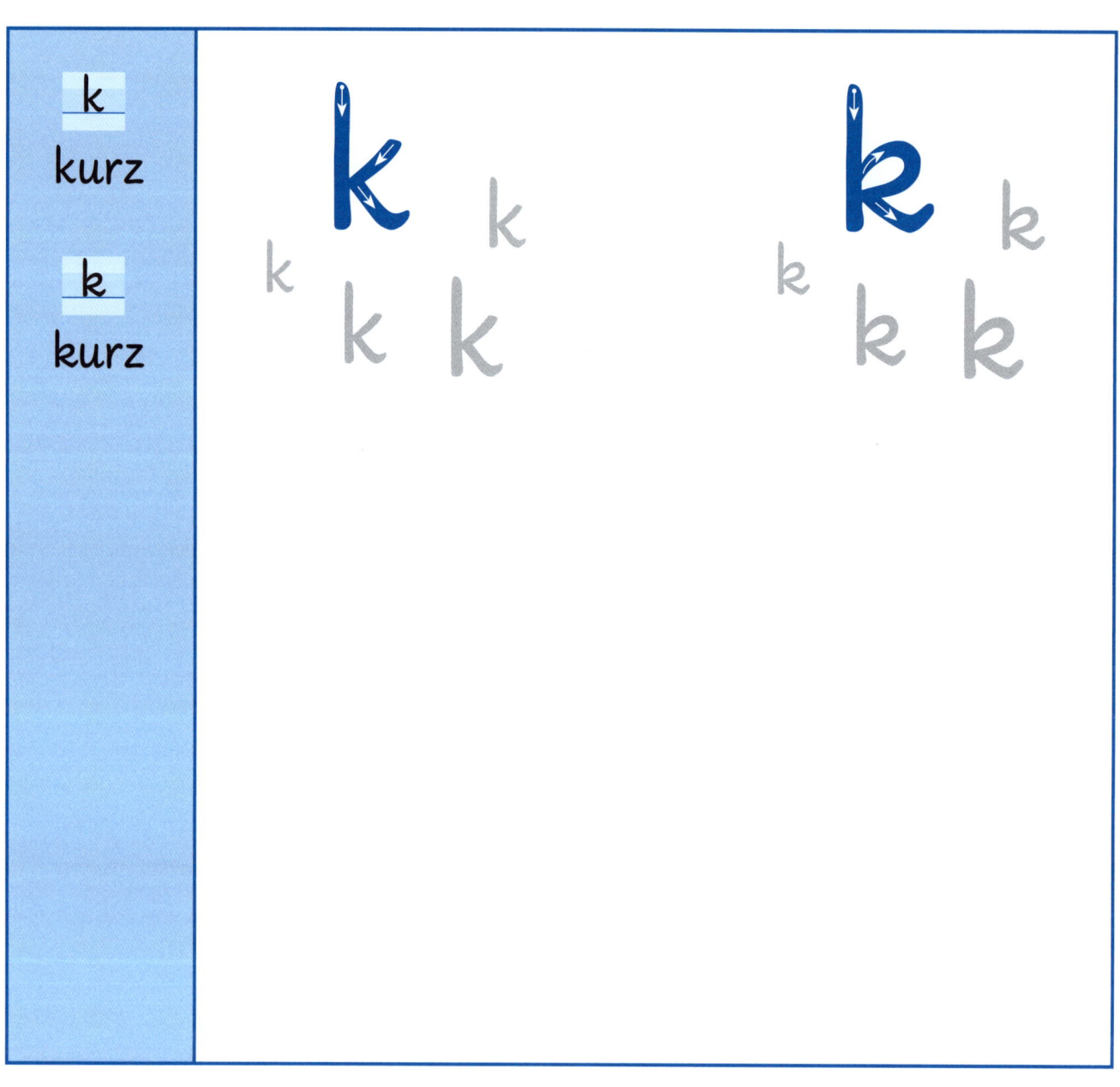

k   k

k   k

k   k

k   k

i→i

kratzen

Heike

klug

Schrank

sinken

i→i

Franz kann
keinen klitzekleinen
leckeren Kirschkern
knacken.

g
gut

g
gut

g **g** g
g g

g **g** g
g g

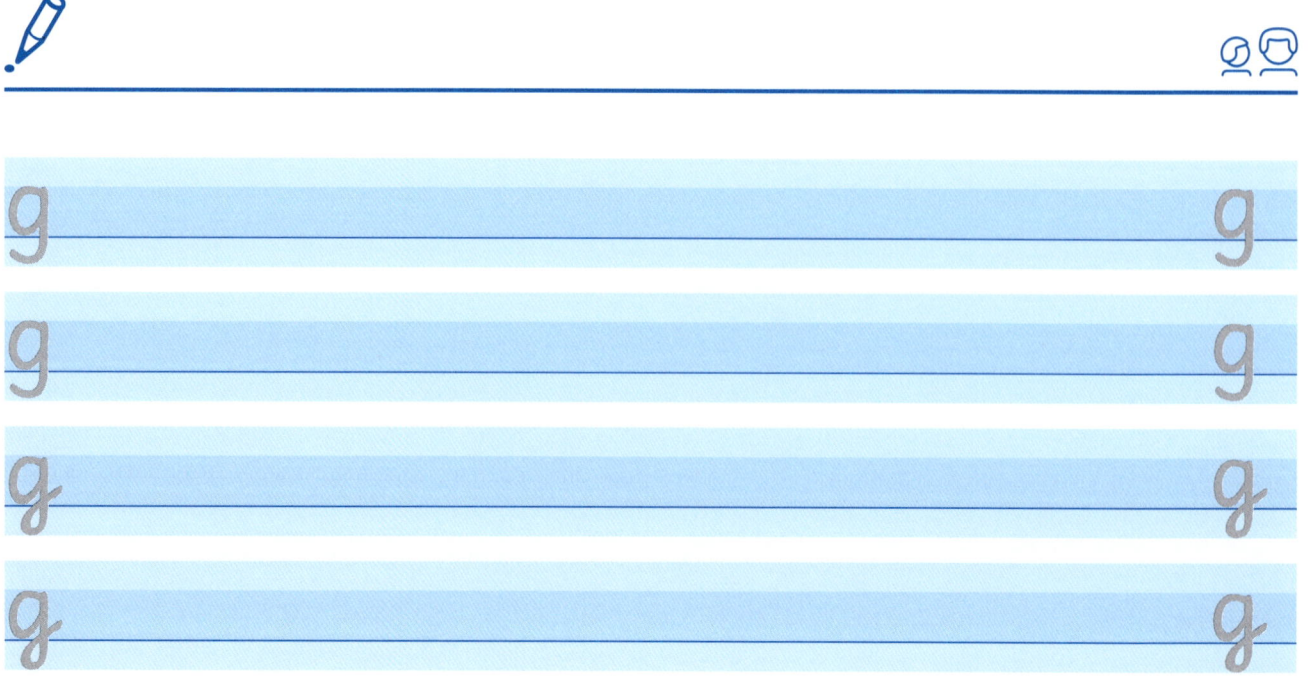

i→i

Auge

klagen

grün

Eugen

legen

i→i

Zehn zahme Ziegen
zogen zehn
Zentner Zucker
zum Zug.

W

wo

w

wo

W   W   W   W

W   W   W   W

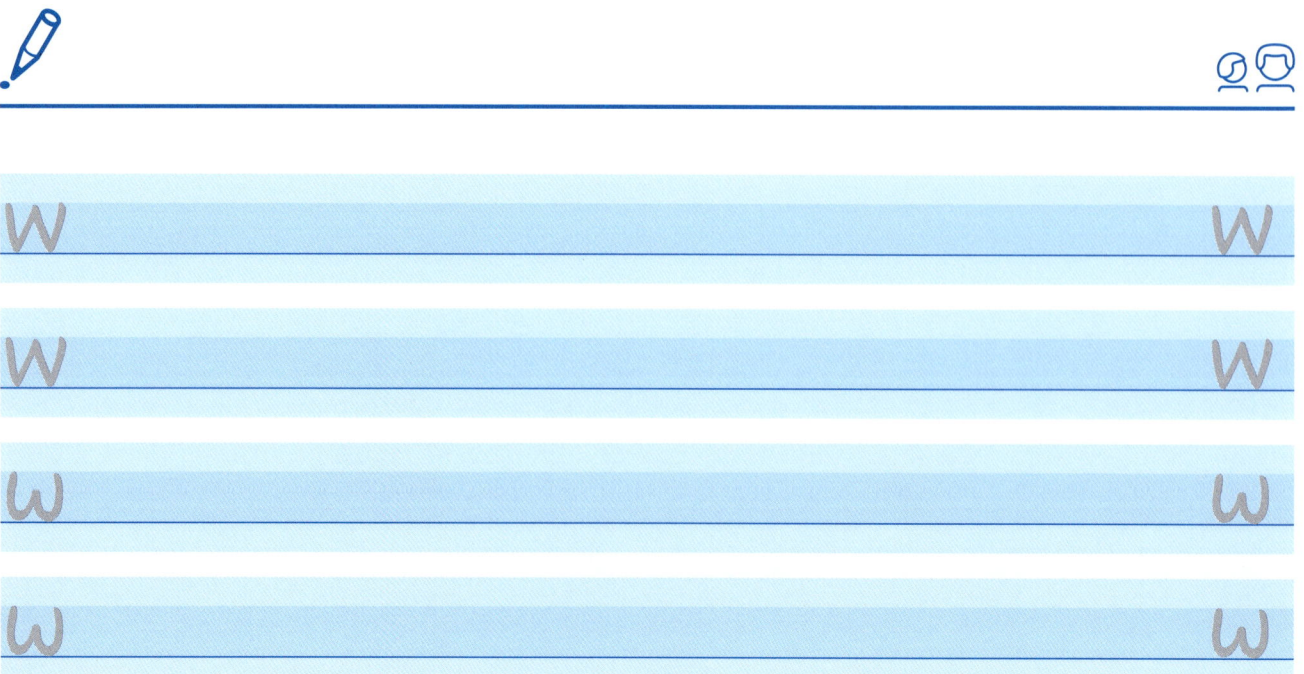

W   W

W   W

W   W

W   W

i→i

Uwe

wünschen

wie

weiß

Kiwi

i→i

Zwischen zwei
Zwetschgenzweigen
zwitschern zwei
zwitschernde Schwalben.

G
Gras

G
Gras

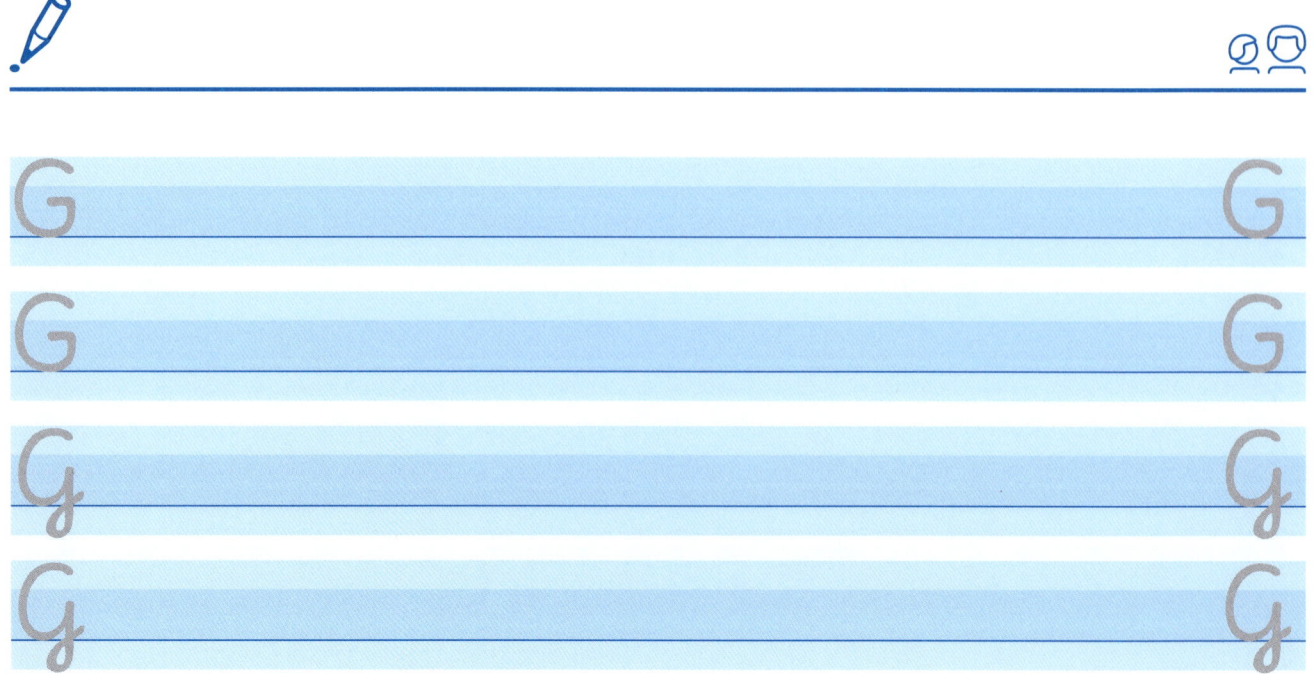

Gitarre

Giraffe

Georg

Gold

Garten

i→i

Gustav Gans
hat einen Schnabel.
Darum isst er
nie mit Gabel.

Teste dich!

E

l

k

g

w

G

i→i

Eltern		gern
wählen		zwölf
Küken		Glas

i→i

Eulen sind klug und zur Geisterstunde wach.

Übung macht den Meister.

Ist dir das gelungen? Übe weiter.

i → i   Wähle aus.

Elfe knallen schrecklich zeigen weil Gurke Erdbeere Plan winken gehen bewegen Gast

1. Suche einen passenden Spruch.

Ein Häuschen aus Rosen, aus Veilchen die Tür, ein Herz voller Liebe, das wünsch ich dir!

Du kannst die Seite mit einem Herz gestalten. Ich zeige dir, wie das geht.

Ein Häuschen aus Rosen, aus Veilchen die Tür, ein Herz voller Liebe, das wünsch ich dir!

2. Versuche es selbst.
   Lege ein Linienblatt unter.

1. Schneide ein weißes Papierherz.

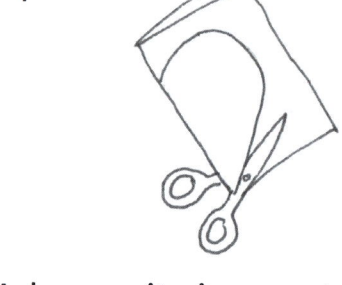

2. Male es mit einem roten Buntstift an.

3. Lege es auf und streiche mit dem Finger die Farbe nach außen.

4. Nimm das Papier weg.

In unterschiedliche Linien schreiben

Schreibe den Namen nach.
Dann schreibe mehrmals deinen Namen.

Franz

Franz

Franz

Franz

Trick: Lege dir ein Blatt mit
Linien unter.

In Rechenkästchen schreiben

1. Rechenkästchen können unterschiedlich aussehen.
Schreibe nach. Versuche es dann selbst.

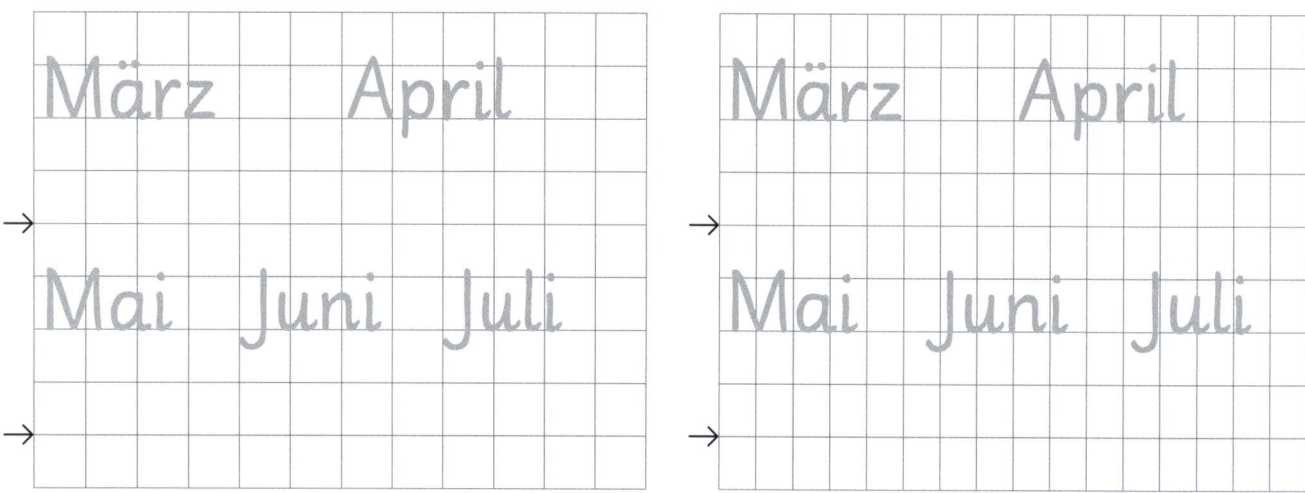

2. In solche Kästchen kannst du groß oder klein schreiben.

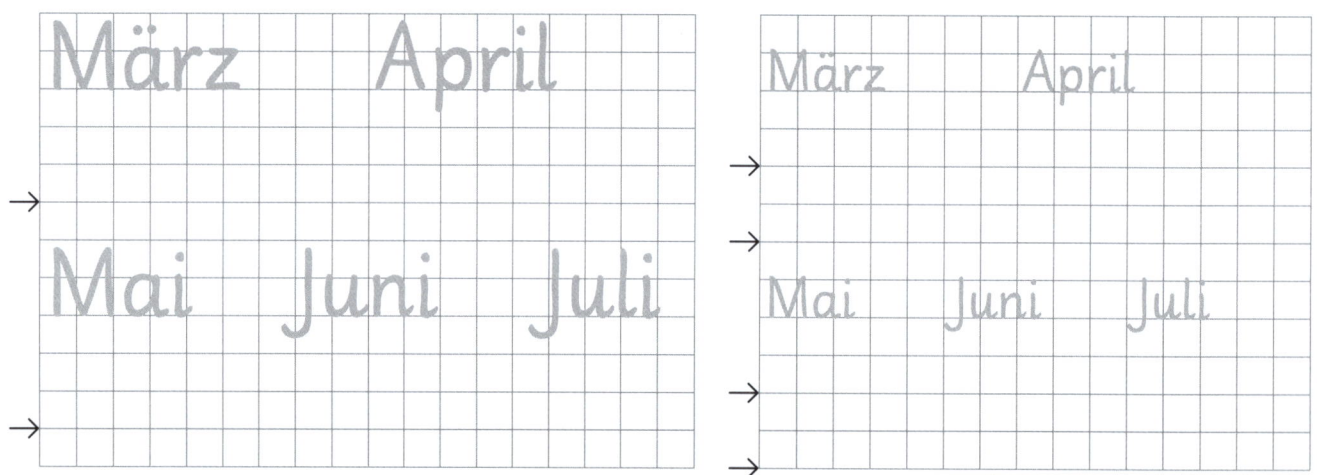

3. Übe auch noch einmal die Ziffern.

1 2 3 4 5 6 7 8 9 0

1 2 3 4 5 6 7 8 9 0

1 2 3 4 5 6 7 8 9 0

4. Lies die Rechengeschichte.
Finde die Aufgabe und schreibe die Antwort.

An einem Apfelbaum hängen
52 Äpfel. Bei einem Sturm fallen
9 Äpfel runter. Wie viele Äpfel
hängen noch am Baum?

Aufgabe:

Antwort:

5. Schreibe nun selbst
eine Rechengeschichte
mit der passenden Aufgabe und löse sie.

Einen Briefumschlag beschriften

Auf einem Briefumschlag oder einer Postkarte müssen die **Adresse** und der **Absender** stehen.

Der Absender bin ich.

Max Müller — *Vorname und Name*

Blumenweg 18 — *Straße und Hausnummer*

12105 Berlin — *Postleitzahl und Wohnort*

Deinen Absender schreibst du am besten hinten auf den Umschlag. Du musst sehr klein schreiben. Probiere es aus.

Abs.:

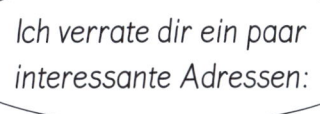

Hanni Hase
Am Waldrand 12
27404 Ostereistedt

ZDF
Redaktion „Löwenzahn"
55100 Mainz

Weihnachtsmann
In Himmeltür
31137 Hildesheim

Wähle eine Adresse aus und beschrifte den Umschlag.
Gestalte selbst eine Briefmarke.

Hefte beschriften

Deutsch
Markus
Klasse 1b

Fach

Name

Klasse

Rechnen
Lisa-Marie
Klasse 2

Trick: Hast du einen langen Namen, schreibe kleiner.

Probiere es nun selbst.

Mit der Wörterliste üben

1. Suche auf Seite 63 alle Wörter mit st. (4 Wörter)

2. Suche alle Wörter mit Qu. (3 Wörter)

3. Suche alle Wörter, die mit y enden. (3 Wörter)

4. Suche auf Seite 64 alle Wörter mit zwei Buchstaben. (3 Wörter)

5. Suche die Wörter mit zehn Buchstaben. (2 Wörter)

D _ _ _ _ _ _ _ _ _   S _ _ _ _ _ _ _ _ _

6. Suche alle Zahlwörter. (6 Wörter)

7. Suche sechs Tiernamen und schreibe sie mit Begleiter auf.

das Zebra,

8. Suche die Wochentage, die mit D beginnen. (2 Wörter)

9. Suche drei Namenwörter, die mit K beginnen.
   Schreibe sie in Einzahl und Mehrzahl auf.

Einzahl	Mehrzahl

10. Bilde mit den folgenden Wörtern einen lustigen Satz.
    Versuche möglichst viele Wörter zu verwenden.

stehen   groß   Elefant   Dienstag   Wald   zehn

Wörterliste

A a der Affe
alle
die Ameise
die Ampel
die Ananas
die Angel
der Apfel
das Auge
das Auto

B b das Baby
der Bach
der Ball
die Banane
die Bank
der Baum
bei
der Berg
der Besen
das Bett
bin
das Blatt
die Blume
der Boxer
der Brief
das Brot
das Buch
der Bus

C c der Cent
der Clown
die Cola
der Computer

D d da
das Dach
der Dienstag
der Dino
der Donnerstag
die Dose
der Drachen
du
die Dusche

E e der Eimer
das Eis
der Elefant
elf
der Engel
die Ente
der Esel
der Eskimo
die Eule
der Euro

F f das Fahrrad
die Feder
die Fee
fein
das Feuer
der Finger
der Fisch
die Flasche
das Foto
die Frau
der Frosch
der Fuß

G g die Gabel
die Gans
gehen
der Geist
gelb
die Giraffe
die Gitarre
gleich
groß

H h der Hammer
die Hand
das Handy
der Hase
das Haus
das Heft
heiß
helfen
hell
das Herz
das Heu
die Hexe
hexen
die Hose
das Huhn
der Hund
der Hut

I i ich
der Igel
der/das Iglu
im
in
der Indianer
die Insel

J j ja
die Jacke
der Jäger
jeder
der/das Joghurt
das Jojo
der Juli
der Junge
der Juni

K k das Kamel
der Kamm
kann
die Katze
kaufen
der Keks
die Kette
das Kind
die Kirsche
die Kiste
die Kiwi
der Korb
das Krokodil
der Kuchen

L l lachen
die Lampe
laufen
Lego
die Leiter
der Löffel
der Löwe
die Lupe

M m machen
malen
die Mama
die Maus
das Messer
die Milch

der Mixer
der Mund
die Muschel

N n die Nadel
der Nagel
die Nase
nass
das Nest
neun
die Nixe
die Note
die Nuss

O o das Obst
das Öl
die Oma
der Opa
der Ordner
der Osterhase

P p das Paket
die Palme
der Papa
das Papier
das Pferd
der Pilz
der Pinsel
der Pirat
die Puppe

Qu qu das Quadrat
quaken
die Qualle
der Quark
quer
quieken

R r das Rad
das Radio
die Rakete
die Raupe
rechnen
der Regen
reich
die Reise
der Ring
der Rock
die Rose
rot
rufen

S s der Sack
die Säge
der Salat
der Sand
das Schaf
der Schal
die Schaukel
die Schere
die Schnecke
die Schokolade
der Schrank
schreiben
das Schwein
die Seife
das Seil
das Sofa
die Sonne
der Spiegel
spielen
die Spinne
stehen
der Stein
der Stern
die Straße

die Suppe
süß

T t die Tafel
die Tasche
die Tasse
das Taxi
der Teddy
der Tee
das Telefon
der Teller
der Tiger
Tim
Tini
der Tisch
die Tomate
der Topf
treffen
die Tür
turnen

U u die Uhr
der Uhu
um
der Unfall

V v der Vampir
der Vater
das Video
vier
der Vogel
der Vulkan

W w der Wal
der Wald
was
der Wecker
weiß

die Wellen
wer
der Wind
wo
die Wolke
die Würfel
die Wurst

X x das Xylofon

Y y die Yacht
das Ypsilon

Z z der Zahn
die Zange
der Zaun
das Zebra
zehn
die Zitrone
zwei
der Zwerg
zwölf
der Zylinder

*Zwei Wörter können die Artikel **der** oder **das** haben. Suche sie.*